ORAISON FVNEBRE

PRONONCEE AVX OBSEQVES, DE TRESHAVTE,

tres-puissante, & tres-catholique Princesse, ma Dame Elizabeth de France, Royne des Espagnes, prononcee en l'Eglise nostre Dame de Paris, le x x v. du mois d'Octobre 1568. par M.S. Vigor chanoine Theologal en ladite Eglise, & Predicateur du Roy.

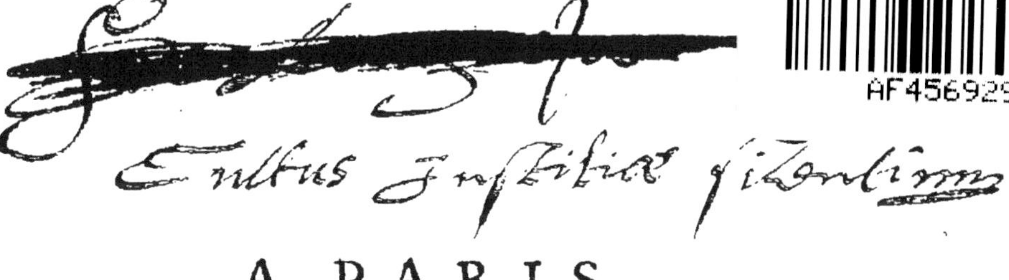

A PARIS,

Chez Claude Fremy, en la Rue S. Iaques, a l'enseigne S. Martin.

1 5 6 8.

AVEC PRIVILEGE.

ORAISON FVNEBRE

PRONONCEE AVX OBSEques de treshaute, trespuissante & trescatholique Princesse, ma Dame Elizabeth de France, Roine des Espagnes.

Insi que lon ne se doit haster de louer les viuans pour quelques grãs personnages que ils soyent, & quelques bonnes œuures qu'ils facent: dautãt que la louange n'en peut estre fort asseuree, pour & a cause de l'incertitude de leur perseuerance a bien & heureusement finir & accomplir le cours de ceste vie mortelle. Aussi seroit-ce a la verité tresgrãde ingratitude frauder par silence & desrober l'hõneur deu a ceux qui auroyent emploié & cõsommé tout le temps de leurs aage es actiõs de vertu,& en icelles cõstamment perseueré iusques au dernier souspir. En quoy nous faut recognoistre le naturel de l'hõme, lequel estant de soy fragile, variable,& muable:& par son incõstãce aisé à decheoir des degrez de ses perfections,commet quelquefois choses si indignes, qu'elles sont assez suffisante pour effacer la gloire de toutes ses vertus & louables actions,esquelles il auoit passé la meilleure & plus grande part de sa vie, conformement a l'opinion d'vn grãd personnage,tel que les Ethniques l'ont mis au nombre des sept sages: qui ne vouloit qu'on iugeast vn homme biẽ heureux pour quelque grãdeur qui fust en luy,s'il n'estoit ia decedé de ce monde. Pour euiter donc telle note d'ingratitude(laquelle & les Ethniques, & les personnages Chrestiẽs principalemẽt, doiuent tousiours fuir) & rendre aussi, tesmoignage, que vertu doit estre honoree & celebree d'vn chacun, les Payens mesmes gens infideles, conduictz par la seule lumiere de nature, auoient coustume de reciter en public auec lou-

Solõ voyes Herodote lib.1.

ange les beaux & insignes faitz de leurs parés, de leurs Princes, & de leurs amis decedez, lesquels ils couchoient par escrit, & composoiét Epicadies, Nænies, Epitaphes qui estoiét attachez en leurs sepultures magnifiquement basties: dôt la reuerence estoit telle que c'estoit crime capital violer leurs dicts sepulchres, voire seulemét y toucher pour les rompre, comme se peut voir par les loix des iurisconsultes anciens, & par les Editz des Empereurs, qui punissét rigoreusement les infracteurs & violateurs des sepulchres. Qui plus est eulx mesmes honoroiét des statues & images erigees és places publiques, en honneur & en memoire de leurs ttespassez, cherchans par tous moiés conseruer la renommee de telles gens, & en ce qu'il leur estoit possible l'immortalizer & perpetuer. Et tant excessifz estoient ils en ceste affection, que de ceste obseruation est procedée vne bonne partie de ceste folle superstition & Idolatrië des Paiens, cóme tresbien ont obserué Lactance, Arnobe, Sainct Augustin, & les autres qui ont escrit contre le Paganisme. Car nô

Aux Pãdectes lib. 11. tit. 7. et 8. & libr. 47. tit. 12. & au Code lib. 3. ti. 43. libr. 9. tit. 19.

contens de ces choſes, ilz ont conceu ceſte vaine opiniõ, qu'ilz ne faiſoiẽt aſſez grand honneur a leurs treſpaſſéz, ſe ils ne les deifioient, & ne ſe proſternoiẽt deuant leurs ſimulachres & Idoles, leur offrant ſacrifice, tout ainſi que ſ'ilz euſſent eſté vrais Dieux. Mais noſtre bonne mere & ſage l'Egliſe Catholique & Apoſtolique, amaſſée de toutes pars & de toutes les nations du monde, reiettãt l'abus receu par vn long temps par telles gẽs infideles & Gentils en ces indiſcrettes louanges & ſuperſtitieux honneurs, a ſeulement retenu de toutes ces choſes ce qu'elle a iugé eſtre bon & agreable a Dieu, cõforme a la raiſon naturelle & ciuile, approuuee par l'eſcriture ſaincte, & ſuiuy par les bons Peres & anciens Patriarches & Prophetes. Et pourtant elle n'a trouué mauuais faire oraiſons funebres panegyriques, (c'eſt a dire, qui ſeroient faictes es aſſemblées de peuple) & l'a reciter les beaux faictz & actes inſignes des perſonnes illuſtres decedées, a fin que par ce moiẽ on laiſſaſt a la poſterité vne memoire honorable d'vn chacun qui auroit eſté recommendable pour ſes vertus:& ce ſelon la qualité, dignité, & merites des perſonnes. Elle n'a m'eſpriſé ſemblablement la couſtume de compoſer & chanter Odes, Cantiques, & hymnes a leur louange, n'y attacher & grauer Epitaphes en leurs monumentz, non plus qu'elle n'a reprouué la ſtructure d'iceux, ni que lon leur erigeaſt ſtatues & images es places publiques, pourueu que la deſpenſe ſoit moderée & faicte auec raiſon, ſelon l'eſtat & merites des perſonnes que l'on veult honorer. Brief elle n'a condemné tous autres raiſonnables moiẽs, qui ſeruiroyent pour celebrer la memoire de ceulx qui par leurs excellentes vertus ſ'en ſeroient rendus dignes. Mais au cõtraire a approuué & receu toutes ces facons, comme les principales recompẽſes, deſquelles nous ſommes debiteurs aux merites de noz predeceſſeurs, leur rendant l'hõneur deu apres la mort, qui eſt le ſeul loier qu'vn homme peult attendre de ce monde. A quelle façon & & obſeruation louable, nous exhorte & inuite le Sage quand il dit, *Ante mortem ne laudes hominem quemquam*: Ne louëz, Eccle. 11.

dit il, deuant la mort hôme du monde pour quelque grand qu'il ſoit: cõme ſ'il vouloit dire, ſi tu veux louer quelcun, que ce ſoit apres ſa mort. A quoy ſe rap porte ce que dit Salomon, *Memoria iu-*
Prou.10. *ſti cum laudibus*. Voulant qu'on celebre la memoire de l'homme iuſte & vertueux auec louange. Ce qu'a tresbien obſerué l'Autheur de l'Eccleſiaſtique en pluſieurs paſſages, meſmement quand
Eccle. 44. il dit, *Laudemus viros glorioſos & parentes noſtros in generatione ſua*. Par cecy nous voulãt tacitemẽt admõneſter, que ce n'eſt pas aſſez celebrer les louãges de vn perſonnage vertueux nagueres treſpaſſé: mais que l'on doit ſongneuſemẽt auoir eſgard, que de temps en temps, & de ſiecle en ſiecle, la memoire ſoit renouuellee & rafraichie. Ce que nous voions le meſme Autheur auoit fait & practiqué en ſon liure, quand apres pluſieurs centenaires d'ans, il a deſcrit & chanté les louãges des bons Patriarches & gens vertueux, qui ont eſté depuis le commencement du monde iuſques au temps de Simon le iuſte, quelque temps deuant les preux & vaillans Machabees.

Machabees. Et certainement ilz monſtroient bien qu'ils deſiroient telle recommandation eſtre continuee d'aage en aage, quand il adiouſte ces motz. *Corpora ipſorum in pace ſepulta ſunt, & viuet nomen eorum in generatione & generationem.* Leurs corps, dit-il, ſont enſeuelis en paix, & leur renom ſera viuãt de ſiecle en ſiecle. C'eſt pourquoy des le commencement de l'Egliſe primitiue les anciens ont eu grand ſoing, & ſe ſont fort parforcez de rendre immortelle la memoire des gens de bien, & ſignamment ſ'il auoit beaucoup proficté au public, par vn recit honorable de leurs inſignes faitz, non ſeulemẽt le iour de leurs Obſeques & ſepulture, mais ont voulu que leurs anniuerſaires fuſſent auſſi celebrez Et ce tant pour ſubuenir aux ames des pecheurs treſpaſſez decedez auec recognoiſſance de leurs faultes, & ſaincte penitence: que auſſi par telle repetition honorer la memoire des iuſtes decedez tant en merite de leur vertu, que pour inciter & eſguillonner les viuans a les imiter. Cecy liſons nous auoir eſté faict par pluſieurs grands perſonnages & Pa-

Tertulian lib de Corona militis. 5. Cypriã lib 3. Epiſt. 8. li. 4. epiſ. 5.

ſteurs de l'Egliſe,cõme par ſainct Ambroiſe Eueſque de Milan aux Obſeques du grand Theodoſe,de Gratien,Valentinien le Senieur, Valentinien ſecond treſchreſtiens Empereurs de Rome. De meſme auſſi aux funerailles de Satyrus ſon frere. Le meſme a eſté practiqué par ſainct Gregoire Eueſque de Nazianzene,aux Obſeques de l'Empereur Conſtantius, & de Cæſarius, qui eſtoit ſon frere. Tous ces deux perſonnages hono rant la memoire de leurs Princes & de leurs propres freres. Et a bien dire les oraiſons que faiſoient anciennement les Eueſques & bons Docteurs de l'Egliſe,d'vn martyr, comme on faict encores auiourd'huy aux Sermons des feſtes des Sainctz, qui ſe font ordinairement és iours qu'ils ont eſté martirizez, n'eſtoit autre choſe qu'oraiſons panegyriques, & laudatoires, & de tel nom les a appellé Gregoire Nazianzene, cõme il appert par ſes eſcritz. Ce que l'Egliſe a obſerué non ſeulemẽt au treſpas des Princes & hommes illuſtres, mais auſſi des Princeſſes, & femmes inſignes & vertueuſes: dequoy nous faict foy S.

Gregoire Euesque de Nyssene propre frere de sainct Basile, en deux Oraisons funebres qu'il a faict, l'vne de l'Imperatrice Placilla femme du grand Empereur Theodose & mere des empereurs Arcadius & Honorius: l'autre de la tresrenommee & vertueuse Princesse Pulcheria fille de l'Empereur Archadius, & sœur de l'Empereur Theodose second, duquel elle fut & gouuernante de sa personne, & Regente en l'Empire auec Antemius. Si que les scripteurs de l'histoire Ecclesiastique la louent grandement. Et me semble qu'a meilleur droit, nous pouuons celebrer la memoire de telles grandes Dames qui ont seruy de mirouër de toutes vertus en leurs temps, que de plusieurs hommes & Princes fayneãs, qui n'ont laissé nulle memoire illustre d'eulx, lesquelz toutesfois deuoient en toutes bonnes actions surpasser de beaucoup les femmes, lesquelles & de leur naturel, & de leur instructiõ sont plus excusables que nous ne sommes, comme tresbien a remarqué sainct Iehan Chrisostome en quelque passage. Et est chose notoire

Sozomen. lib.9.cap. 1.2.3.

que plusieurs femmes excelleroient de beaucoup vne bõne part des hommes, si elles auoient esté instruites auec tel soing & diligence comme eulx, a celle fin qu'on ne desrobe rien a la bonté de l'esprit que Dieu leur a dõné. Donc puis qu'ainsi est, que la raison naturelle, l'authorité de l'escriture saincte, l'exemple mesme des Paiens, la tradition de l'Eglise non seulemẽt approuue l'vsage des Oraisõs funebres pour celebrer le nom tant des hommes illustres, comme des femmes, qui sont partis de ce monde en la foy de l'Eglise, mais aussi commande ceste façõ & ne permet qu'elle soit delaissee : ce seroit a nous vne notable ingratitude & faulte non petite, & de laquelle tout le monde iustement nous blasmeroit : principalemẽt la France & l'Espagne se plaīdroit, si auiourd'huy en ceste saincte & magnifique ceremonie, & assemblee, pour celebrer les Obseques de treshaulte, trespuissante, tressage, trescatholique Princesse feuë ma Dame Elizabeth de France, Royne des Espagnes, nous ne faisions vne speciale memoire de ses vertus & louanges, l'honorãt de tous les tiltres d'honneur qu'il est possible donner aux merites d'vne si parfaicte, & accõplie Princesse, quelle le monde la congneue? Car il fault que ie die, que si iamais Royne a laissé a la posterité vn ample & vn grand argument de louãge pour estre celebree apres sa mort: on ne peult doubter que ceste vertueuse Dame, ne nous en aie baillé auiourd'huy tresample & tressuffisante matiere. Qu'a la mienne volonté fust icy en ma place quelque grand & disert Orateur, qui peust dignemẽt traicter vn tel suiect, & s'aquiter heureusement de ceste charge, qui est de donner louange digne des merites & vertus de celle que l'on peut plustost admirer auec vn silence de craincte de n'en dire assez, que de s'ingerer de parler de celle, de laquelle la renommée vole par le monde, & est notoire & manifeste à vn chacun. Mais ie ne croy point, qu'il y eust iamais homme tant soit il disert & parfaict, qui peust suffisamment declarer les louanges de ceste noble Dame, par ce que ses vertus semblẽt exceder toute eloquence humaine. A raiſon de quoy, moy, qui ſuis peu exercé a ce genre de dire, tant ſ'en faut que ie ſois pour ſatisfaire a ceſte cõmiſſion, que ie crains beaucoup plus a obſcurcir & obfuſquer ſes vertus par mon lãgage, que les illuſtrer & eſclarcir. Toutesfois apres auoir bien conſideré les perfections dont a eſté douée ceſte illuſtre Princeſſe, dont la moindre pourroit ſeruir de ſubiect a vn homme groſſier en ſtylle & peu vſité en telle façon de parler: à mon grand regret i'ay prins ceſte charge, pour obeir au commandement, auquel ie n'ay oſé reſiſter. Or entreprenant ceſte charge ie ne veux vſer d'aucun fard de paroles, & m'abſtiendray de tout lãgage orné, comme d'vne choſe indigne de ce lieu, & a laquelle, pour dire verité, ie ne me ſuis iamais beaucoup adonné, aiant touſiours pris plus grand peine a excogiter choſe qui ſeruiſt au peuple de quelque bonne edification & inſtruction, que non eſſaié chatouller les oreilles des auditeurs de paroles fardées & termes exquis: aiant touſiours deuant les yeux que la verité eſt comme vne bonne & honneſte dame, laquelle eſtant contente de ſa beauté naturelle, & de ſon maintien ordinaire, ne demãde a eſtre bien parée ny põpeuſemẽt acouſtrée, pour mieux complaire a ceux qui la regardent. Mais cela conuient mieux à quelque femme publique mal renommée, laquelle ne ſçait comment ſe deguiſer pour plaire. Parquoy n'attendez de moy vous, Sire, qui auez bien voulu de voſtre preſence honorer la memoire de la feue Royne Catholique, voſtre bonne ſœur, & donner vne treſgrand teſmoignage au Roy Catholique voſtre bon frere, & a toute le Eſpagne du dueil & regret extreme, que portez de ceſte mort, auec vne ſincere fraternité, amitié, & bienueillance qui durera a iamais entre voz maieſtez: choſe qui tournera au grand bien & honneur des deux Roiaumes, & au ſoulagement & profit de toute la Chreſtienté. Vous auſſi mes treshonorez Princes prelatz & ſeigneurs, qui eſtes cy preſens, n'attendez, dis ie, aucun deſguiſement de verité de moy ſous pretexte de quelque langage orné. Car puis que la verité eſt de ſoy meſme aſſez puiſſante pour ſe faire croire, ſans mendier ſecours de ailleurs, ie me contenteray de vous reciter ſimplement les plus inſignes vertus & actes memorables de ceſte illuſtre Princeſſe, ainſi que ie les ay peu recueillir de quelques eſcritz & memoires qui n'ont eſté fidelemẽt enuoiés & donnés par perſonnages d'authorité, leſquelz ont cogneu la feue Royne depuis ſes premiers ans iuſques a ſes derniers iours aiants eſté nourriz pres ſa Maieſté tant en ce Roiaume, comme en Eſpagne: & par l'inſtruction que i'ay euë d'vnes lettres enuoiees des Eſpagnes par ceulx qui eſtoient preſens a ſa mort: a fin qu'il ne ſemble que i'aye rien adiouſté du mien, ne qui ſoit creu en mon cerueau. Ce que ie di, a ce que les choſes qu'entenderez de moy, leſquelles vous ſembleront admirables & eſtranges, vous les receuiez comme vraies. Ce qui ſeruira pour perpetuer a iamais la memoire d'vne telle Princeſſe, & pour la rendre plus remarquable a la poſterité. Puis donc que telle commiſſion m'a eſté dõnée, ie n'ay point deliberé ſuiure l'ordre cõmunement obſerué par les Orateurs, leſquelz

lesquelz commencent a louer les personnes par les faitz de leurs ancestres & predecesseurs: aussi est-ce quand la matiere leur default & n'est assez ample pour bien louer ceulx qu'ilz ont entrepris. Et pour ce ie ne commanceray les louanges de la feue Royne par le recit des prouësses & actes insignes des Roys & Roynes ses predecesseurs: combien que ie sache n'auoir faulte de suiect de ce costé: mais par ce que c'est vne bien pauure louange recommander quelcun de la noblesse de ses maieurs, comme s'il n'y auoit rien en luy de propre qui meritast honneur. Car comme dit vn Poëte, *Miserum est alienæ incumbere famæ.* C'est chose miserable depēdre de la renommee d'autruy. Ie m'abstiendray de telle façõ de faire comme de chose qui ne conuient aux Ecclesiastes & predicateurs, du nombre desquelz ie me repute le moindre. Ce que ie feray en suiuant le cõseil de Sainct Basile: m'asseurant toutesfois que i'ay assez de matiere pour discourir sur les vertus & propres faictz de ceste Princesse: Seulement ie diray ce mot en passant, lequel tend a

Iuuenal. Satyra. 8.

ſon honneur & louange : Que Dieu n'a pas faict peu de choſe pour elle, d'eſtre deſcendue, (ſans que ie recherche de plus loing ſon origine), de ce pere des lettres & amateur des hommes doctes & vertueux, le grand Roy François premier, ſon aieul, & de ce bon & vray zelateur de la foy Catholique Henry ſecond, ſon pere, de treſdeuote & treſreligieuſe Royne ma Dame Claude ſon aieulle, de treſſage & treſprudente Royne ma Dame Catherine ſa mere noſtre ſouueraine Dame & Princeſſe. Car certainement ce luy eſt vn grand heur eſtre extraicte de ſi Chreſtienne, ſi ſage, ſi vertueuſe & illuſtre race, & d'vne maiſon ſi noble que celle de France, qu'a meilleure & plus iuſte occaſiō i'oſeroye dire ce que ſainct Hieroſme eſcrit, en vne epiſtre, a vne grand' Dame de ſon tēps parlant des parens de ſa fille en tels termes: *Si Iuppiter talem cognationem habuiſſet, Chriſtianus fieri potuiſſet*. Si Iuppiter, dit-il, euſt eſté extraict de telle parenté, aiſément euſt il eſté faict Chreſtien. Tant eſt grād l'eguillon pour paruenir a vertu auoir eu des parens & An-

Epiſt. ad Lætam.

cestres vrais Chrestiens, & gẽs de bien. Et c'est pourquoy ce grand personnage sainct Paul remet deuãt les yeux de son disciple Timothee a fin de le confirmer d'auãtage en sa foy, Ie sçay, dit-il, que ta foy n'est point feincte, laquelle a premieremẽt esté en ta grãd mere Loïde, & depuis a demeuré en ta mere Eunice. Et ie suis certain qu'elle habite en toy. Et iaçoit que le premier biẽ que la feuë Roine a receu de ses tresillustres parens qui est auoir esté mise au mõde par eux, n'est rien au pris & en cõparaison de la bonne nourriture qu'elle a eu d'eulx: en quoy ilz se sont mieux monstrés ses parẽs, q̃ estãs cause de sõ estre, cõme vraiemẽt c'est plus l'office de pere & de mere de biẽ instituer leurs enfans, que n'est de les engendrer. Et c'est pourquoy ce grand Prince Alexandre aimoit mieux Aristote son maistre, lequel il disoit luy auoir donné *Vt bene esset*, qui vault autant, que *Vt bene viueret*, d'estre homme de bien. Que son pere Philippe, *qui tantum dederat vt esset*. Qui luy auoit seulement donné son estre. Parole certainement digne d'vn grand Prince & ama-

2. Timo. 1.

Plutarque en la vie d'Alexã.

teur de vertu. Et ceste diligence de bien instituer les enfans, est tant desiree & requise és Peres & meres, que l'Apostre sainct Paul declaire vn homme estre incapable pour estre promeu en la charge d'Euesque, & auoir quelque administration en public, s'il a des enfans qui ne viuent ainsi qu'il appartient: estimãt qu'il n'est pas possible qu'il gouuerne biẽ Eglise, laquelle il espouse, s'il n'a biẽ sçeu politier sa famille & les enfãs qu'il a eu auãt qu'estre promeu en ceste charge. Et comme c'est vn des plus grands vices qui puisse estre remarqué es peres & meres, que negliger la bonne institution de leurs enfans: & que la chose la plus desplaisante a Dieu, est de conniuer a leurs faultes, ne les corrigeant point quand ils sont ieunes: aussi est-ce vn grand contentement a vn Pere, auquel Dieu a faict ceste grace auoir des enfans, lesquelz sont tombez souz la charge des gens vertueux & sages, qui les ont bien instruits & endoctrinez. Et de la vient que quand sainct Paul asseure que la femme sera sauuée *per filiorum generationem*, pour auoir engendré des

1. Timot. 3.

S. Hierosme lib. 1. cõtra Iouinianum.

enfans, il ne s'arreste pas là seulement: mais il adiouste, *Si permanserint in fide, & dilectione, & sanctificatione cum sobrietate.* I. Timo. 2.
C'est a dire, que les enfans, lesquelz demeureront en la foy, en la charité, en la sanctification, en la sobrieté, & chasteté de l'Eglise, procureront, & seruiront au salut de leurs peres & meres par leurs bonnes prieres: qui sera comme vne recompense du bien qu'ilz auront receu d'eulx d'estre mis au monde. D'auantage c'est vne marque pour iuger de la Religion des parens, quand ilz endoctrinēt bien leurs enfans: D'autant qu'il n'est pas vray semblable qu'ils voulsissent faire aprendre vne doctrine a leur posterité, laquelle ilz n'estimeroiēt leur estre profitable & salutaire. Et tout ainsi que le soing qu'ont les parens de faire instruire leurs enfans, donne preuue & indice de leur vertu: aussi la docilité des enfans, la reuerence & obeïssance qu'ils rendent a leurs precepteurs & gouuerneurs: vne franche & prompte volonté qu'ils ont d'aprendre de bon cueur ce qui leur est enseigné, est vn assez euidēt argument de quelque bon naturel en

eulx, & duquel on peut conceuoir vne bonne iſſue, pour dire qu'vn iour ilz ſeront perſonnages vertueux, & qui ferõt grãd fruict a leur patrie & Republique. Doncques pour continuer ce propos, vn des plus grands biens que les enfans puiſſent receuoir de leurs parẽs, c'eſt la bõne education & ſaincte inſtitution q̃ lon leur dõne es premiers ans. En quoy a eſté tresheureuſe la feuë Royne Elizabeth, que Dieu abſolue: a qui Dieu auſſi a faict tant de grace de l'auoir pourueuë d'vne mere ſi ſage & ſi prudente, comme eſt la Royne noſtre ſouueraine Dame, laquelle a touſiours pris grãd ſoing de la faire inſtruire en toute pieté, Religion, honneſteté, deuotion, ſainctеté & probité de vie: Choſe qu'elle a tresbien practiquée en l'endroit de la maieſté du Roy noſtre Sire, de meſſeigneurs ſes freres, & de mes Dames ſes Sœurs: de maniere qu'elle ſe peult dire le iourd'huy vne des plus heureuſes Roynes du mõde, pour eſtre riche en enfans par elle tant bien inſtituez & nourriz, aiãt choiſy gens propres a ce faire: qui les ont ſi bien ſceu gouuerner & conduire, que

Plutarque lib. de liberis educandis.

graces a Dieu, iusques a present nous nous resentons de ceste bonne & religieuse educatiõ, en laquelle, Dieu s'il luy plaist, leur fera la grace de perseuerer tousiours, & acroistre auec leur aage: ceste bonne nourriture & education, (dis ie) à produit en la feuë Royne d'Espagne de beaux & excellẽs fruictz en toute sorte de vertu, lesquels l'õt rẽdue admirable a toutes personnes qui l'ont cogneuë. Voila que vault la bonne institution premiere qu'on donne aux enfans: C'est qu'ils la retiennent, & s'en resentẽt tout le temps de leur vie. Et en cest endroit me seruira de tesmoignage le sage Salomon, qui dict en ses prouerbes, *Adolescens iuxta viam suam, etiam cùm senuerit, non recedet ab ea.* C'est à dire, Que vne ieune personne suyura en sa vieillesse la mesme voye qu'il a tenu en ieunesse. Car comme il est bien difficile & presque impossible, oster à vn drap la premiere tainture que l'on luy a donné: aussi à grand peine pourrez vous effacer de l'esprit d'vne ieune personne, les premieres impressions qu'il a receu en bas aage. Mais, comme dict vn Poëte, ny

Prou. 22.

Horace 1. *liure des Epist.* plus ne moins que le vaisseau gardera l'odeur de la premiere liqueur qui y aura esté versee: Partãt Peres & Meres doiuent estre bien diligens a faire instruire leurs enfans de ieunesse. Car cõme dit sainct Chrysostome, *La Mere n'est point tant mere en portant & produisant sur terre vn enfant, en l'alaictãt & nourrissant, qu'elle est en luy donnant bonne instruction: Et les peres font trop plus pour les enfans quand de ieunesse ilz les font bien instruire, que de leur acquerir de grãds estats, & hõneurs de ce mõde.* Ce q̃ n'ignoiroit pas vn prince ethnique & gẽtil, Philippe Roy de Macedoine, pere du grãd Alexandre, lequel ne se resiouissoit point moins que de luy estoit né vn tel filz, que de ce qu'il estoit du tẽps du philosophe Aristote, & mesmes luy auoit esté baillé pour disciple cognoissant bien ce sage Roy, quel bien & auancement c'est a vn enfant que d'auoir vn bon maistre. Chose a quoy a bien pris garde la Royne, mere de feuë ma Dame Elyzabeth de France, prenant en partie la peine elle mesme d'instituer sa fille, pourchassant d'ailleurs qu'elle fust bien instruitte en l'amour

Aule Gelle lib. 9. ch. 3.

mour, craincte, & reuerence de Dieu, & en toutes bonnes vertus, par sages precepteurs & gouuernantes bien conditionnees, qui ont sceu vser d'vne telle diligence a la bien façonner & aprendre, qu'ilz l'ont rendue en l'aage de vingt deux ou vingt trois ans, vne des plus sages, plus vertueuses, & des plus accomplies Princesses qui fussent en ce monde. A raison de quoy, oultre qu'ilz ont acquicté leur conscience enuers Dieu: aussi ont ilz acquis vn grand honneur deuant les hommes, & merité grandemẽt de la chose publique. Toutesfois il ne leur fault pas tant attribuer de louãge, que l'on n'en reserue la meilleure part au bon & gentil naturel de la feuë Royne, apres la grace de Dieu tousiours, laquelle cõduit, dirige, & parfait, tant l'instruction des precepteurs, que le bon esprit & naturel de ceux qui se laissent manier à la toute puissante main de sa grandeur. Car nous sçauons par les histoires, que plusieurs Princes & Princesses ont esté bien pourueuz de bons precepteurs, lesquelz toutes-fois ont bien mal proficté, & en fin n'ont riẽ valu. Mais ceste noble Princesse, des son enfance s'est rendue tant docile, & traictable à ceulx qui en auoyent le gouuernement, aiant d'elle mesme vne prompte & ardẽte volonté a aprendre & executer choses vertueuses, que sans grand peine & trauail elle s'est trouuee en peu de temps ornee de toutes choses honnestes & recommendables, tellement qu'a vne terre si fertille & si bien douée, il a esté tresfacile faire porter fruictz de plusieurs sortes & excellens en leurs especes. Telle a esté, Sire, la premiere education de feuë ma Dame Elizabeth vostre sœur, laq̃lle a produit tous les beaux fruitz, lesquelz apres elle a manifesté chacun en sa saison. Si qu'ilz luy ont rendu vne bonne odeur par tout le mõde, mesmement par ce Royaume & par les Espagnes. Apres q̃ ceste noble Princesse est sortie d'enfance, elle a bien fait paroistre les graces desquelles elle estoit douée, cõme d'vn bon esprit, pour bien tost conceuoir la bonne doctrine qu'on luy à proposee: d'vn iugement sage & arresté pour poiser les choses & les ranger a la raison, lesquelles parties elle tenoit du grand Roy François ſon grand pere: d'vne memoire heureuſe & propre à retenir tout ce qu'on luy diſoit, tout ce qu'elle liſoit: tout ce qu'elle voioit: Choſe qu'elle tenoit du Roy Hẽry ſon pere: vne douceur, vne bõté, vne naïue facilité qu'elle retenoit des Royne Claude & Catherine ſon ayeule & ſa mere: leſquelz dons de nature luy ſeruoient comme d'eſtincelles pour l'enflamber a vertu, a laquelle il n'eſtoit beſoing la pouſſer, ou contraindre: car de ſoy meſme elle l'aimoit & y eſtoit adonnee. Mais tout ainſi comme vne bonne terre, quoy qu'il y ait de bõs laboureurs pour la cultiuer: neantmoins ſi elle n'eſt arrouſee de la pluie du ciel, demeure ſterille, ou bien ne produit que des ronces & eſpines: auſſi ceſte bonne nature qui eſtoit en la feuë Royne, encores que elle fuſt bien cultiuee, ſi n'euſt elle portee aucun fruict, ſi Dieu ne l'euſt arrouſee de la pluie de ſa grace. Parquoi pour la rendre plus fertille a eſté beſoing que Dieu luy ait imprimé en l'eſprit vne foy, vne eſperãce, vne charité, vne craincte, vn amour enuers luy, auec vne reuerence & obeiſſance enuers l'Egliſe:vne charité enuers ſes parens, vne bien veillance enuers vn chacun, accompaignant auec ce d'vn contemnement & meſpris des vanitez de ce monde,& de ſes boubans & pompes, vertu en elle d'autant recommandable, qu'elle eſt rare entre gens de cour, meſmement des perſonnes extraictes de grande maiſon, nourries és delicateſſes de ce mõde : de maniere que le premier ſoing qu'elle a eu des ſon enfance,a eſté de craindre DIEU, de le ſeruir & aimer, ne prenant iamais plus grand plaiſir que quand elle oioit parler de ſa diuine maieſté, de ſes œuures admirables, & des recõpenſes qu'il donnoit a ſes bõs ſeruiteurs. Elle eſtoit Princeſſe fort deuote a dire ſon ſeruice a l'Egliſe : attentiue a ouïr la parole de Dieu,ainſi qu'elle auoit eſté bien appriſe:Elle ne preſtoit pas volontiers l'oreille a propos de vanité & follie,ayãt touſiours en grãd horreur paroles laſciues, fuiant touſiours tous propos deshonneſtes,encores que ſouuẽt on face gloire de telle meſchanceté en Cour. Et quant eſt du mõde, elle auoit en grand honneur & reuerence le feu Roy son pere, craignant & honorant la Royne sa mere : se maintenant en toute humilité en leurs presence, & cõme il luy estoit cõmandé elle se rendoit fort obeïssante a ses precepteurs & gouuernantes, mettant en oubly la grandeur de sa maison sans s'en orguiller d'auantage: de façon qu'elle plaisoit & agreoit a vn chacun: elle n'estoit haïe de personne. Ceste cõuersation de vie si honneste, si saincte, & si Chrestienne en si bas aage, l'ont rendue si admirable, que le Roy & la Royne, & tous ceulx qui la cognoissoient, comme par vn certain presage conceurent vne tresgrande expectatiue de sa ieunesse, comme si elle eust esté mise sur terre pour estre vn iour cause de quelque grand bien a ce Royaume, & par consequent a toute la Chrestienté, lesquelz n'ont esté frustrez de leur attente. Car veritablemẽt il est aduenu ainsi que ilz s'estoiẽt promis: de façõ que ie puis dire, a son grand honneur, qu'elle a seruy a ce Roiaume, comme d'vne douce, & agreable pluie, qui estainct vn grand feu ia fort allumé, & prest a consumer

& depeupler vne bonne part de noz Prouinces: pour autãt qu'elle a esté cause de la pacification de deux Roiaumes fort animez & irrités l'vn contre l'autre: desquelz dependoit la tranquillité & salut de toute la Chrestienté. Elle a esté la liaison des deux plus grãdes maisons de toute l'Europe, de France, di-ie, & Austriche: par l'heureux mariage contracté auec le Roy Catholique, fait si a propos & en temps tant opportun, que sans elle ces deux grandes maisons estoiẽt menaçées de leur prochaine ruine par les guerres qui lors regnoient, & par les seditieuses & factieuses entreprises des rebelles, & trahistres a Dieu, & a son Eglise, lesquelz no⁹ auõs veu du depuis, & voiõs encores, a nostre grãd regret, auoir cõspiré cõtre leurs maiestez. Heureux donques & trois fois heureux mariage, par le moyen duquel toutes guerres ciuiles ont esté adoucies; les estrãgers, lesquelz auparauãt troubloiẽt la France, l'Italie, l'Espagne, l'Allemagne, & tout le reste du monde, incontinant appaisez: les Roys ennemis rẽdus freres: les peuples s'entretuans voisins, alliez & bõs amis. Ainsi lisons nous que par le mariage de Placidia Galla fille du grãd Theodose, & de l'Imperatrice Placilla contracté auec Adulphus cousin d'Alaricus Roy des Gotz, sauua l'estat & l'Empire d'Italie de la ruine dont elle estoit menacée: Comme de nostre tẽps les mariages de Marie d'Angleterre, fille de Henry septiesme, & sœur de Henry huictiesme, auec le defunct roy Loys douziesme, sauua la Picardie, & par mesme moien ce Royaume d'vn grand & euidẽt dangier: & le mariage de la feuë Royne Leonor d'Austriche, Tante du Roy Catholique, appaisa & reconcilia ces deux grands Monarques de l'Europe.

Eutrop. li. 13. Paulus Diaconus li. 13. Paulus Orosius. lib. 7. cha. 43.

Or si ce mariage a esté la consolation des bons, la paix & tranquilité du monde: aussi a il esté, au grand regret & desplaisance de mutins, gens turbulents & malins, lesquelz se sont parforcez rõpre & par secrettes entreprises, & par voie de faict ceste alliãce entre les deux Roiaumes, bien cognoissant combien leur estoit d'importance telle confederatiõ, estãt en desespoir paruenir a leurs desſeings pendant qu'elle demeureroit ferme & entiere: Ce que toutesfois deuõs bien deſirer, & prier Dieu pour l'entretenement d'icelle, d'autant que nous voions a lœil que la rupture de ceſte alliãce ſeroit grandement preiudiciable a l'vn & l'autre Royaume, voire a toute l'Egliſe Chreſtienne: laquelle eſt principalement ſouſtenue & defendue par ces deux principautez & Roiaumes. Ce que biẽ cognoiſſant ceſte noble princeſſe, ainſi qu'elle auoit eſté le ſeul moien de faire la paix: auſſi eſtoit elle touſiours ſoigneuſe de la bien conſeruer: ſolicitãt par lettres, que ſouuent elle enuoioit au Roy & a la Royne, pour l'entretenemẽt & confirmation d'icelle. N'obmettant à faire le ſemblable enuers le Roy Catholique tant par douces & ſages paroles, que par tous autres bons offices, qu'vne ſage & vertueuſe Dame peult faire enuers ſon Seigneur & mary: auquel & pour ſes graces tant naturelles que ſupernaturelles, & pour ſes dons acquis, elle agreoit de telle façon, & l'auoit en telle reputation & eſtime, que iamais il n'entreprenoit, ne faiſoit choſe de conſequence

sequence, que sur-ce il n'eust premierement l'aduis de sa chere & bien aimée compagne. Ce que nous lisons auoir esté obserué par l'Empereur Iustiniam enuers l'Imperatrice Theodora: & du depuis aussi par le Roy Charles cinquiesme, surnommé le Sage enuers ma Dame Iehanne de Bourbon sa femme: nõ pourtãt elle s'en estimoit d'auãtage: ains comme la sage Sara, qui appelloit Abraham son Seigneur, elle ne se reputoit que comme sa seruante. A ceste exemple s'en portoit elle auec plus grand' humilité & reuerence enuers le Roy Catholique: Chose qui la rendoit merueilleusement aimée & honorée de tous les Princes & Seigneurs d'Espagne, qui recognoissoient en elle vne ma Dame Blanche, fille du Roy de Castille, & mere de sainct Lois, ou vne ma Dame Cõstance femme du Roy Lois le ieune, & toutes lesquelles deux Roynes estoient extraictes d'Espagne. Sur quoy est a noter que ce Royaume a tousiours esté fort conioint a celuy d'Espagne, mesmement par le nœud de religion. De ce faict foy Rhodericus Archeuesque de Tholete lequel viuoit il y a plus de trois

Zon. part. 3

Lucius in placitis curiæ, Tit. de priuilegiis Reginæ.

I. Pet. 3.

Gen. 18.

cens ans, comme il escrit au sixiesme li-
Chap. 25. ure de ses Annales, qu'enuiron l'an mil
cent trente trois, le Roj de Castille nô-
Domp.1133 mé Domp Alphons, espousa vne Dame de France, laquelle feit tant enuers son-dict mari, qu'icelui changea les façons vsitees és Eglises d'Espagne en la forme de celle de France. Lesquelles façons obseruees en toute l'Espagne, depuis qu'elles furent instituees premierement par les Euesques Leãder & Isidore, leur Psaultier & le Messel estant pour lors en langage Gottique, lesquels lors furent changees: & fut de nouueau mis en Espagnol, tout leur seruice & office de l'Eglise, en gardant l'ordre, & les traductions, & les mesmes Oraisons qui sont vsitees auiourd'hui par les Eglises de France. En ce mesme temps aussi ledit Roj Alphonse, pria Hugues Abbé de Cluny, luy enuoier quelque personnage de ce Roiaume, homme sainct & docte, a l'aide duquel il peust policer son Eglise: lequel Hugues lui enuoia vn nômé Bernard, lequel depuis fut Archeuesque de Tholete: & quelque temps apres feit vn voiage en France, & a son retour emmena en Espagne bon nom-

bre de gens ſçauans, & de bonne vie, pour remplir les chaires & Monaſteres d'Eſpagne, laquelle auparauant auoit eſté infectees par les Maures, qui auoient profané la pluſpart des Egliſes du païs. De la nous apprenons que la Religion a eſté comme vn moien pour lier & vnir ces deux Roiaumes : comme auſſi auiourd'hui le Roiaume de Pologne, recognoiſt auoir receu la vraie Foy de nous, leur aiant enuoié des Docteurs & des Religieux de ce Roiaume il y a trois ou quatre cens ans paſſez, comme eux-meſmes confeſſerent n'agueres aux Eueſques & Docteurs, qui eſtoient aſſemblez au dernier Concile tenu à Trente, & leurs Annales en font foy. Et quant au faict de l'Eſtat, nous auons touſiours eu bonne paix, amitié, & confederation auec les Rois de Caſtille, iaçoit q̃ nous aiõs eu quelques differẽtz auec les Rois d'Aragõ, cõme eulx auoiẽt auec les Rois de Caſtille: leſquelz ont ſouuẽt pris noz Rois pour arbitres, & ont acquieſcé a leurs iugemẽs. Et ne ſe liſt point en noz Annales, que nous aions eu diuiſion remarquable auec les rois d'Eſpagne, ſinõ *Lan 1493.*

depuis le voiage du Roy Charles huict-iesme en Italie: car auparauant nous e-stions tresaliez ensemble: a sçauoir Prince a Prince, ville a ville, & subiet à subiet: & durãt les grandes guerres des Anglois, lesdits Rois d'Espagne ce monstrerent tousiours tresaffectionnez a nostre party, principalement du temps du Roj Charles cinquiesme, lors que l'ar-
L'an 1371. mee dudit Roj d'Espagne combatit sur mer en nostre faueur l'armee des Anglois deuant la Rochelle: en laquelle iournee demeura prins le Comte Pennebroth, chef de l'armee Anglesque: de façon que le Poitou auec la ville de la Rochelle fut reduite en l'obeïssance du Roj. Aussi auoient ilz occasion de nous fauorizer: car ce fut auec l'aide des Frãçois, desquelz estoit chef ce vaillãt Ber-
L'an 1365. thrand du Guesclin, du depuis Conestable de France, que lesdictz Rois de Espagne estoient Rois, aïant esté deietté & chassé Dom Pietre Roy de Castille pour ses cruautez & felõnies par son frere Dom Henry fauorizé de nostre Armee. Et depuis ce temps la iusques au voiage du Roy Charles huict-

iesme, cõme i'ay dit, & les quereles qui vindrẽt du temps du Roj Loïs douziesme auec Dõp Fernand Roj de Castille pour le Roiaume de Naples, les deux Roiaumes ont vescu en grãd amitié & alliance & cõfederatiõ l'vn auec l'autre. Mais pour retourner aux vertus de la feuë Royne Elizabeth, (toutesfois auãt ie diray ce mot) que si auiourd'huy le Roj catholique n'estoit empesché pour les guerres qui sont en ses païs, mesmement en Flãdre, ie ne doubte point qu'a l'imitation de ses Ancestres, il ne vinst luy mesme en nostre secours auec vne puissante armée pour chasser les traistres, & ennemis de DIEU & du Roj, hors de la Rochelle, & de tout le païs de Poitou, dont se sont saisy les rebelles. Mais ce que ledit Roj Catholique ne peut faire pour ses grandes & vrgentes affaires, nous esperons que la main de Dieu forte & puissante ne nous fauldra point, l'iniure estant principalemẽt faicte cõtre sa saincte maiesté & contre son Eglise. De quoy nous le deuons prier a iointes mains, nous retournans a luy d'vn cueur hũble, recognoissans noz faultes

& maluersations passées. Pour rentrer donques en nostre propos, si ie voulois m'arrester a traitter des mœurs, conditions, & rares vertus qui estoient en ceste noble Princesse, i'aurois beau suiect & assez ample pour vo⁹ en reciter beaucoup: mais a fin d'euiter trop grād' prolixité, ie ne parleray que du zele qu'elle auoit a la Religion Catholique. Ie sçay, qu'elle estoit si affectionnée a defendre la foy, qu'elle ne pouuoit voir de bon œil vn heretique, & sentant autrement que la foy Catholique & Romaine, & auec telle maniere de gens ne vouloit auoir aucune familiarité ny accointance: les haissant parfaictement comme estans ennemis de Dieu & de son Eglise, & des Rojs treschrestien & Catholique ses bon frere & mari, & de la Rojne sa mere, & de tout le repos public. Les lettres que souuent elle a escrit a leurs maiestez en pourroient porter bon tesmoignage, par lesquelles elle les appelle trahistres & rebelles a Dieu & a leur Prince, ne parlant autremēt de telles gens que comme elle en sentoit en son cueur: lequel zele luy prouenoit de la feruante deuotion qui eſtoit en elle, a ce que Dieu fuſt par tout ſerui, honoré, & obeï, comme de ſa part elle en dõnoit l'exemple a ſes ſubiets, n'aſſiſtant pas ſeulement au ſeruice diuin, qui ſe faiſoit ordinairement en l'Egliſe : mais oultre cela, elle auoit faict baſtir vn oratoire ioignant ſa chambre, auquel elle faiſoit ſes prieres ordinaires, & diſoit ſon ſeruice auant que ſortir en publiq. Si reuerẽte eſtoit en l'ẽdroit de la ſaincte & ſacree Euchariſtie, que ſi par cas fortuit elle ſe trouuoit en chemin, & on portoit le ſainct Sacrement a quelque malade, elle differoit ſon entrepriſe, & deſcendoit de ſa littiere auec toutes ſes Dames, ſe proſternant deuotement en terre pour adorer noſtre Seigneur. Et puis le ſuiuoit a pied iuſques au lieu ou l'on le portoit, & apres le reconduiſoit iuſques a l'Egliſe auec ſa compagnie. Elle eſtoit ſi bien accouſtumee a toutes œuures de pieté & de Religiõ, que quãd elle ſortoit aux champs pour prendre ſa recreation, ce que peu ſouuẽt lui aduenoit, & lors ſeulement que ſa maieſté auoit eſté fort trauaillee aux affaires de ſon Roiaume: en paſſant elle viſitoit les ſainctz lieux, Hoſpitaux & Monaſteres: ſignamment les Religions des pauures filles, leur departant liberalement & largement de ſes biens: faiſant grãdes auſmoſnes tant pour l'entretenement des Egliſes, que pour la nourriture des pauures. Entre tous eſtatz ceulx que plus elle auoit en reuerence, eſtoient les perſonnes Eccleſiaſtiques, les Paſteurs, Prelatz, Docteurs, Religieux, & gens de saincte vie, de la preſence deſquelz elle eſtoit beaucoup plus reſiouïe que de tous autres, leur faiſant bõ recueil, & les eſcoutant parler volontiers, meſmes les induiſoit a ce par queſtions qu'elle leur faiſoit. Elle eſtoit ſi obſeruante des conſtitutions & ordonnances de l'Egliſe, que quelque diſpence qu'on euſt impetré pour elle, de mãger de la chair, pour ce qu'elle eſtoit de petite complexion, & de temperature aſſez deliee, elle n'en vouloit pourtant vſer au temps prohibé de l'Egliſe, encores qu'elle en euſt neceſſité par le conſeil de ſes medecins, ne ſe ſouciant pas beaucoup de la nourriture de ſon corps, qu'elle ſçauoit deuoir prẽdre

dre fin, & tourner en pourriture : mais bien plus ſoigneuſe de la nourriture de l'ame: Et pour ce prenoit elle grād plaiſir a oïr les ſermons des gēs doctes, auſquelz elle eſtoit ſi attentiue, & les imprimoit ſi fort en ſon eſprit, qu'il n'y auoit aucun de tous les auditeurs qui ſceuſt mieux racompter ce que le Predicateur auoit dit, voire de mot a mot, tant en cela elle auoit la memoire heureuſe. Elle vacquoit par apres & s'adonnoit aux œuures de charité & pieté, rendant le Roj ſon mary doux & bening enuers ſon peuple, & d'autre part faiſoit les ſubietz eſtre obeïſſans a leur Prince: ſe ſoucioit d'vn chacun: oioit les plainctes de tout le monde: ne reiettoit perſonne, ne s'eſtimoit iamais importunee : ſe rēdoit acceſſible au moindre ſubiet. Tellemēt que depuis qu'elle eſt entree és Eſpagnes, le peuple a eu ceſte ferme opinion q̃ elle a apporté toute felicité, tout heur, & benedictiō au païs, cōme nous liſons de Ioſeph le Patriarche lors qu'il vint en Ægypte: en ſorte que depuis ce tēps la les Eſpagnols racomptent par grand merueille, qu'il n'y a point eu de ſterili-

té au païs ; point de maladies cõtagieuses: point de guerre ne dissensions ciuiles, & que tous les fleaux de Dieu y ont cessé: Ce que le peuple attribue a sa saincteté, estimant qu'a raison de sa bonne vie, & de ses prieres agreables a Dieu, son ire a esté appaisee, & pour ce elle estoit honoree & reueree de tous les grands Ducz & Seigneurs d'Espagne, voire plus que ne fut oncques Roine audit Roiaume, encores que elle fust estrangere, qui estoit pour la faire estre moins aimee & redouttee. Et est le peuple en ceste opinion, comme il m'a esté fidelement dit & tesmoigné, deux Roines du nom d'Isabella, ou Elizabeth, sçauoir est la femme de domp Fernand Bisaieul du Roj Catholique a present regnant: (celle, di-ie, au pour-
1486. chas de laquelle les Maures furent chassez de Grenade) & Christofle Colomb Geneuois mesprisé par la pluspart des Princes Chrestiens, fut accueilli, & au moien des vaisseaux & de l'argent que
1492. elle luy feit donner, feit le descouurement d'vn nouueau mode, aiant apporté a la couronne de Castille, des inesti-

mables richesses, tant en or, qu'en choses tresrares,)& celle cy nagueres decedee, laquelle encores il preferoit a l'autre, admirãt vne princesse si ieune d'ãs, pour ses vertus auoir esté cause de bon heur, a la couronne d'Espagne. Ce qu'il ne peult auoir dit sans vne grande recognoissance & approbation des actions vertueuses de la feu Roine, eu egard a la façõ des autres, qui pour n'estre Roines ni grandes Dames en biens & seigneuries, est de s'adonner plus volontiers a suiure les plaisirs & voluptez du monde, que s'appliquer aux choses spirituelles: ou pour le moins se dispẽsent de l'estroicte obseruance des commandemens de Dieu, iusques a ce qu'elles soient paruenues en aage qui nous inuite plus a saincteté qu'aux plaisirs & delices du monde. Et à fin de poursuiure nostre narrer, elle demeurant en ce monde, menoit vne vie plus celeste, que terrestre: plus Angelique, qu'humaine: plus d'vne Religieuse, que d'vne Roine, souspirant tousiours apres le Roiaume d'en hault. Partant elle portoit en son cueur vn ennuy incredible, quand elle entēdoit que le nom de Dieu tout bon & tout puissant estoit blasphemé en ce Roiaume. Lequel elle sçauoit auoir esté autresfois si Chrestiē, & mesmes l'auoit laissé en bonne paix, & pour le faict de la Religiō, & pour l'estat, sans qu'il y eust aucun bruit d'emotion, ny trahison contre Dieu, le Roy, & la Patrie. Si que i'ay sceu qu'elle auoit vn indicible horreur d'ouïr racompter que le tresprecieux corps de Iesus Christ, auoit esté conculqué, & foullé aux piedz en ce Roiaume: les Eglises magnifiques & sumptueuses construites la pluspart par ses predecesseurs Rois & Empereurs, destruites, ruinees, & rēuersees par terre: les os & reliques des sainctz iettez au feu auec grande indignité: leurs images brisees & bruslees: les pauures prestres & ministres de Dieu, meurtriz & tuez d'vne cruauté plus que Barbare & Scitique: les corps morts des Rois treschrestiens, Princes & Ducz & autres gens de bien deterrez: les femmes & petitz enfans Catholique passez par le fil de l'espee: les maiestez du Roj & de la Roine cherchez pour tuer: assiegees en ceste ville:

toute iustice renuersee: le peuple foullé & opprimé: tout ordre changé sans dessus dessoubz. En toutes lesquelles fascheries extremes, & telles qui ne lui pouuoient aduenir plus grãdes, nostre Dieu, qui l'a tousiours tãt aimee & fauorizee, ne la voulant plus longuement laisser languir, par sa saincte misericorde a mis fin a sa vie, la retirant a soy par vn pareil genre de mort, que ceste tresrenommee Dame en l'escriture saincte Rachel, espouse de ce grand Patriarche Iacob, prit fin : & comme de nostre temps est aduenu a la feuë Imperatrice Ysabeau de Portugal, femme du feu Empereur Charles cinquiesme, & mere du Roy Catholique. Mais toutes ces deux laisserent ce monde, y aiant beaucoup plus demeuré que ceste-ci. De sorte que ie *Chap. 4.*
puis dire ce que dit l'autheur du liure de la Sapience, *Placita erat Deo anima eius, propter hoc properauit educere eam de media iniquitate.* Cest a dire, elle estoit plaisante & aggreable a Dieu : & pource il s'est hasté de l'oster du milieu de l'iniquité, cest a dire du monde. Et ce que dit aussi Esaie, *A facie malicia collectus est iustus,* *Vt Esaie 57.*

veniat in pacem & requiescat in cubili suo, qui ambulauit in directione sua. A cause des maux, dit il, qui sont au monde, Dieu a recueilli le iuste, a fin qu'il vienne en paix, & se repose en son lict, aiant cheminé en toute droicture. Or cõme lon dit communement, de bonne vie s'ensuit bonne fin. Pour ceste cause si toute la vie de la feu Roine a esté pleine de bonté & vertu, beaucoup plus nous est recommandable & admirable sa mort, qui est la partie du cours de ceste vie mortelle que nous deuons plus cõsiderer en vn Chrestien, que tout le passé. Car comme dit le Prouerbe ancien, la fin corone l'œuure. Veritablement heureuse a esté ceste mort, & trespricieuse deuant la face de Dieu, laquelle a grand peine ie pourray reciter sans larmes. Et toutefois ie m'en garderay le plus que ie pourray, de peur que cela ne m'empesche la parole. Car cõme ainsi soit que la feu Roine toute sa vie se fust preparee a la mort, ou plustost a vray dire, que sa vie n'eust esté qu'vne preparation a icelle, estimant auec les anciens Philosophes *Philosophari nihil aliud esse, quàm mori discere.* Philosopher n'estre autre chose que d'apprendre a mourir, & eulx definissant, *veram sapientiam meditationem mortis.* vray sapiēce estre meditation ou exercice de mort : aussi disoit elle iournellement auec Dauid, *Aduena ego sum apud te, & peregrina sicut omnes patres mei, remitte mihi: vt refrigerer priusquam abeam, quia vado, & amplius non ero.* Ie suis, disoit elle, pauure estrangere & comme passant par païs en vostre endroit, Seigneur, comme ont esté tous mes autres peres & predecesseurs. Laissez moy vn peu que ie me rafraichisse, par ce que ie m'en vay, & ne comparoistray plus. Et comme dit sainct Paul. *Non habemus hic ciuitatem permanentem, sed futuram inquirimus.* Nous n'auons point icy de demeure asseuree, mais nous en cherchons vne qui viendra. Et en vn autre endroit, *Nostra conuersatio in cœlis est.* Nostre demeure & vray manoir est au Ciel, & non point en ce mōde. Si est-ce qu'au dernier assault & conflit qui est le plus furieux & dangereux, & ou l'ennemi emploie tous ses efforts pour nous abatre & faire tresbucher,

Cic. 1. Tus. Plat. in Phed. S. Hieron. en L'epitaph. de Nepot.

Psm. 38.

Hebr. 13.

Philip. 3.

c'eſt ou plus vertueuſement elle a reſiſté, prenant le bouclier de la foy, & ſe veſtant des armes Chreſtiennes pour rembarrer ſon aduerſaire, & remporter vne heureuſe victoire ſur lui : a laquelle pour plus facilement paruenir elle demanda ſon Confeſſeur, auquel elle feit ceſte requeſte lui aſſiſter iuſques au dernier ſouſpir de ſa vie, & ne la point abãdonner. Apres auoir eſté confeſſee, elle voulut eſtre munie du viatique de ſalut: de façon qu'elle receut le Sainct Sacrement de l'autel de pareille reuerence & deuotion qu'elle auoit accouſtumé: apres elle requiſt lui eſtre baillé le Sacrement de l'extreme Onctiõ, a fin que par ces armures chreſtiennes, elle fuſt plus aſſeuree cõtre les aguetz & aſſaulx de noſtre ennemi capital. Doncques ainſi bien munie, elle attendit la mort d'vn ſens raſſis, eſtant toute reſolue d'abandonner ce monde ſans auoir aucun regret aux Roiaumes & grandes Seigneuries qu'elle laiſſoit : dont ceux qui la eſtoit preſens eſtoient merueilleuſemẽt esbahiz, l'oïant ſi bien & ſi ſainctement parler en ceſt dernier article, auquel

quel en la plus-part des autres tout sentiment & cognoissance defaillent. Car iamais en sa vie on ne la vit plus sage, plus modere, ny auoir plus sain & meilleur entendement. Tout ce qu'elle disoit estant si graue, & en termes si sententieux & tant bien acommodez, que vous eussiez proprement dit qu'elle auoit leu toute la saincte escriture, & que tous les anciens Docteurs luy estoient cogneus & familiers: comme si son cerueau eust seruy d'vn prōptuaire de tous sainctz & vertueux propos: ce qu'on cognoistra aisément par les paroles qu'elle profera pour lors. Et premierement preuoiant que son heure estoit venue qu'il failloit partir de ce mōde pour aller en celuy, auquel elle auoit tousiours desiré, print congé du Roy Catholique son mari, qui l'estoit venu visiter, lui demandant pardon auec vne grand' humilité en ce qu'elle pouuoit l'auoir offensé, le remerciant du bon traictemēt qui luy auoit faict depuis dix ans, ou enuiron qu'ilz estoient ensemble : luy disant à Dieu luy recommāda d'vne tresgrande affectiō la defense de la foy Catholique, entretenement de l'vnion & amitié auec le Roj treſchreſtien ſon frere, & l'aliance des deux Roiaumes: puis lui recommanda mes Dames ſes deux filles, le priant auoir le ſoing de les faire biẽ inſtruire en la crainɛte, amour, & obeiſſance de Dieu, lui recommandant en fin toutes les Dames qu'elle auoit en ſa compagnie, & deſquelles elle ſ'eſtoit ſerui depuis ſa venue au Roiaume d'Eſpagne. Ceſte bonne Roine auoit apris ces recõmandatiõs de noſtre Seigneur: leſquelles ſont conformes tant aux paroles qu'il auroit dit a ſes Apoſtres en ce beau Sermon qu'il leur feit apres la Cene, qu'aux dernieres paroles qu'il prononça en la croix, laiſſant premieremẽt par teſtament la paix, laquelle ſur tout il recommanda a ſes diſciples, leur diſant: *Pacem relinquo vobis: pacem meam do vobis: Non quomodo mundus dat, ego do vobis*. Ie vous laiſſe, dit il, ma paix: Ie la vous donne: Mais nõ pas a la façon que le monde la donne. Il recommãda ſon bien aimé diſciple a la ſacrée vierge ſa mere, & la vierge a Sainɛt Iean. Nous donnant vn exẽple de reuerer touſiours

S. Iehan. 14.d.

& auoir soĩg iusques a la mort de ceulx, ausquelz nous sommes obligez, & desquelz auõs receu plusieurs plaisirs. Mais la feuë Roine voiant que le Roy estoit fort contristé de ces paroles, combien qu'il en feist le moins de semblant qu'il luy estoit possible, commança a le consoler par vn beau discours qu'elle lui feit de la vanité de ce monde: remonstrant comment les honneurs ne sont que fumee: que les richesses sont choses caduque & transitoires, & ausquelles ne se fault arrester, beaucoup moins y mettre tout son appuy. Parole qui estoit conforme a ce que dit sainct Iean, *Si quis di-* 1. Ioan. 2.
ligit mundum, non est charitas patris in eo. Quoniam omne quod in mundo est, aut est cõcupiscentia carnis: aut concupiscentia oculorum: aut superbia vitæ, quæ nõ est à patre, sed ex mundo est. Et mundus transit & omnis concupiscentia eius. Si quelcun dit il, aime le monde, la charité de mon pere n'est point en luy: pourautãt que tout ce qui est au monde, ou est concupiscence de la chair: ou concupiscence des yeulx: ou orgueil & outrecuidance, laquelle n'est point de mon pere, mais du mon-

de. Et le monde ſe paſſe & toute ſa cõcupiſcence prend fin. Adiouſtant que les biens que nous attendons auoir en la vie future, ſont eternelz, auſquelz il faut tẽdre & aſpirer du tout: qu'elle ſçauoit bien qu'elle laiſſoit vn Roiaume tẽporel, mais auſſi eſtoit-ce pour en poſſeder vn eternel, & qu'elle attẽdoit bien vne autre couronne au Ciel trop plus pretieuſe, & de plus longue durée, que celle, dont elle auoit eu ceſt honneur d'eſtre courõnee en terre. Tous leſquels propos & pluſieurs autres, elle diſt ſi ſagemẽt & auec telle grace & conſtance, que le Roy Catholique ne ſe pouuoit perſuader, qu'elle fuſt ſi proche de ſa fin comme elle eſtoit. Et apres qu'il eut pris congé d'elle ſi preſſé de triſteſſe qu'il ne pouuoit preſque parler, ſe retira en ſa chambre en attendant ce qu'il plairoit a Dieu en ordonner. Et alors ſuruint le Embaſſadeur de France, qu'elle recongneut incontinant, & le charga faire en ſon nom trois recõmandatiõs aux maieſtez du Roj ſon frere, & de la Roine ſa mere. La premiere, qu'elle les prioit porter patiemment les piteuſes nouuelles de ſa mort, ſans ſ'ẽ douloir ne cõtriſter.

La seconde, qu'elle leur recommandoit le faict de la Religion Catholique, les priant qu'ilz tinssent la main a ce que toute faulse Religion, & mesmement celle qui se pretend estre reformee, fust exterminee du Roiaume de France, priant a Dieu qu'il ordonnast les moiẽs de pouuoir mettre a execution vn tant bon & sainct œuure. La troisiesme, que elle leur recommandoit l'entretenemẽt & cõseruation de la paix, qui estoit entre les deux Roiaumes. Et quãt a la premiere recommandation, elle adiouste aussi trois manieres de consolation correspondantes aux trois gẽres de tristesse, qu'endurent ordinairement les viuãs de la mort de leurs amis, vsant de telles raisons si biẽ prises & si a propos, q̃, qui les voudroit bien poiser, ie croy qu'elles adouciroient toutes les angoisses & tristesses qu'il est possible auoir non seulemẽt de sa mort, mais aussi d'vn chacun tant nous soit il cher & recõmandable. Car tous les principaux argumens qui ont esté amenez par diuers autheurs, & saincts, & prophanes, pour consoler les viuans faschez de la mort d'autruy, ont esté alleguez par la feuë Roine si bien que ie ne peux autrement iuger, sinon que c'estoit le Sainct Esprit qui parloit diuinement en elle. Vous escrirez, dit elle, monsieur l'Embassadeur, a la Roine ma mere, & au Roy mon frere, qu'ils ne se doiuent fascher de ma mort: mais qu'ilz ont grande occasion de porter la nouuelle d'icelle patiemment, par ce que ie change vn hôneur mondain a vne gloire eternelle, & laisse maintenant les hommes pour aller auec les Anges : vn Roj d'vne petite parcelle de la terre, pour aller auec le Roj de l'Vniuers. Ie desloge de ce monde miserable pour aller au Ciel au reng des bienheureux. Et partant puis que la Roine ma mere, & le Roj mon frere, & mes autres freres & sœurs m'ont tousiours tant aimee que ie m'asseure qu'ilz desirent & soubhaittent mon bien : Ilz ne doiuẽt estre marriz si i'ay mieux que ie n'auois : Mais plustost se doiuent resiouïr me voiãt deliuree des miseres, qui me sont communes auec ceux qui demeurent en ce monde. Certainement quãd ie lis ces propos, il me semble ouïr parler ſainct Hieroſme, quand il introduit vne Dame Romaine Bleſilla, parlant a Paula ſa mere lors qu'elle rendoit l'eſprit. Eſtes vous enuieuſe, diſoit elle, ma mere de mon bien & felicité? Ne penſez vous pas que ſi ie vous laiſſe, ie trouueray vne autre mere que vous en paradis? la mere de Ieſus Chriſt noſtre Sauueur. Et qu'au lieu de mes parens & amis que ie laiſſe icy, ie iouïray de la preſence, & receuray conſolation d'vne infinité d'eſpritz là hault en paradis? Parquoy contentez vous, & ne vous contriſtez ainſi de ma mort, de paour que voſtre grande triſteſſe ne vous aliene de moy, comme celle qui ſembleroit aucunement eſtre marrie de mon bien & de mon heur. Il me ſouuient auſſi de la conſolation que donnoit ce ſainct perſonnage a l'oncle d'vn nommé Nepotianus treſpaſſé. *Non tam* (inquit) *plangendus eſt, qui hac luce caruerit: quàm & gratulandum ei eſt qui de tantis malis euaſerit. Fœlix Nepotianus qui hæc non videt: qui hæc non audit, quæ nos miſeri hîc patimur, aut patientes fratres noſtros perſpicimus*. Il ne fault pas tant, dit-il, plorer celuy qui

eſt priué de ceſte lumiere cõme il fault remercier Dieu de ce qu'il eſt deliuré de tant de maulx. Heureux Nepotian qui ne voit point, qui n'entend point les choſes que nous miſerables endurons ici, ou voiõs endurer a noſtre prochain. La ſeconde cauſe pour laquelle ſont affligez les amis d'vn treſpaſſé: c'eſt qu'ilz ont regret d'eſtre priuez de ſa preſence. Contre ceſte affliction la feuë Roine commanda eſcrire vne autre ſorte de conſolation, diſant. Ie ne meurs pas: ie
» ne fais que partir de ce monde, & chan-
» ger de logis. Ceſte ſeparation de mes a-
» mis n'eſt vne mort perpetuelle, mais ſeu
» lement vne briefue abſence: Car bien
» toſt, s'il plaiſt a Dieu, nous nous entre-
» uerrons. Eſcriuez donques a ma dame
» ma mere, que i'ay eſpoir qu'en brief elle
» ſera deliurée des trauaux qu'elle prend
» pour le bien & la defenſe du Roj mon
» frere, & pour le repos de ſes pauures
» ſubietz. Ce que i'eſpere qu'il luy aduiē-
» dra lors qu'elle aura victoire deſſus ſes
» ennemis, & que la Religion ancienne
» ſera remiſe en ſon premier honneur par
» toute la France. Ne ſont-ce pas les meſ-

mes

mes propos qu'amene sainct Hierosme consolant celuy, dont maintenant nous auons parlé, quand il dit *Desiderandus est quasi absens, non quasi mortuus, vt illum expectare non autem amisisse videamur.* Nous le deuons desirer, dit-il, comme celui, qui est absent & non point mort, monstrãt que nous l'attendõs plustost, cõme esperãt de brief le voir, que nous ne pẽsons l'auoir du tout perdu. Et a vn autre Epitaphe qu'il escrit, il n'ẽ dit pas moĩs, *Aduersus mortis duritiam & crudelitatem hæc solatio erit, quod breui visuri sumus eos, quos dolemus absentes.* Il y a, dit-il ce soulas contre la dureté & cruauté de la mort. C'est que de brief nous esperons voir ceulx desquelz nous regrettons la mort. Ainsi disoit ceste noble Princesse parlant en vraie Chrestienne, ayant vne certaine foy & esperance de la resurrection future & beatitude eternelle. La tierce tristesse qui nous trouble plus en la mort de noz amis, c'est que nous pẽsons & disons, i'ay perdu vn tel parent, ou vn tel ami, auquel ie prenois grand' consolation, & en qui estoit toute mon attente & appuy, & lequel me pouuoit

Ad Luciliũ Bethicum.

encores beaucoup seruir, & aider en ce monde, mais pour remedier a telle affliction, la feuë Roine commanda rescrire a leurs maiestez ceste tierce maniere de consolation. Par ma mort, mes freres & sœurs, & tous mes bons amis de France, ne seront pas priuez du bien de l'amitié & du secours qu'ilz pouuoiēt attendre de moy. Car quand à la bonne volonté que ie leur porte, elle ne changera pas par ma mort: quāt a la puissance elle ne sera pas moindre, ains plus grande, & auray meilleur moien de leur aider que iamais: d'autant que i'espere estre plus conioincte auec Dieu, à raison de quoy mes prieres luy seront plus aggreables, qu'elles n'estoient en ce monde. Est-il possible, ie vous prie, de mieux ny plus sainctement parler? Ne semble elle pas auoir pris tous ces propos des anciens Autheurs? Ne disoit elle pas les mesmes paroles q̃ disoit ce S. Euesque Gregoire Nazianzene apres la mort de son pere, quand il dit, *Corporaliter quidem nequaquam compares præsentialiter, sed spiritualiter nobiscū conuersaris contra lupos pro grege depugnans: & nunc magis tuis proficis precibus quā antea?* Nous vous auons perdu, mon pere, de preſence corporelle: mais ſpirituellement vous eſtes auec nous en bataillāt contre les loups pour ce pauure troupeau, & maintenant ie ſçai que vous nous ſeruez plus par voz prieres, que vous ne faiſiez au parauant. N'eſt-ce pas auſſi ce que diſoit Sainct Hieroſme eſcriuant a Paula, parlant de Bleſille ſa fille, qui eſtoit morte. *Pro te Deum rogat, mihique impetrat veniam peccatorum. Nam in nos adhuc ſuā retinet charitatem.* Elle prie encores pour vous o Paula, & impetre de dieu pardon pour mes pechez. Car elle n'a point perdu l'amitié qu'elle nous portoit. Regardez meſmes ce que dit ſainct Cyprian en vne epiſtre *ad Cornelium Papam. Memores noſtri inuicē ſimus cōcordes atque vnanimes, vtrobique pro nobis ſemper oremus, preſſuras & anguſtias mutua charitate releuemus & ſi quis iſthinc noſtrûm prior diuinæ dignationis celeritate præceſſerit, perſeueret apud Deum noſtra dilectio: pro fratribus & ſororibus noſtris apud miſericordiam patris non ceſſet oratio.* Aions ſouuenance l'vn de l'autre, dit-il, viuons en bonne amitié &

lib. I. Epi. I. à la fin.

concorde. Prions tousiours l'vn pour l'autre: aidons nous l'vn l'autre a supporter les angusties & afflictions de ce mõde. Et celui de nous deux qui sortira le premier de ce monde, Dieu luy faisant ceste grace, estre appellé le premier, que nostre charité dure tousiours enuers Dieu, & que nostre oraison se continue pour le salut de noz freres & sœurs, à ce qu'il plaise a nostre pere nous faire misericorde. La secõde recommendation qu'elle a faicte, nous est vn tesmoignage du zele qu'elle a tousiours eu a la defense de la querelle de Dieu. Car estãt proche de la mort, & perdant presque la parole, elle batailloit neantmoins contre ceulx qui deshonorẽt Dieu, & blasphement son sainct nom, souhaittant qu'apres sa mort ceulx qui demeureroient apres elle, feissent la vẽgeance de telles impietez & meschancetez. Et pour ce elle exhortoit par ses lettres le Roj treschrestiẽ son frere nostre bon maistre, a vertueusement batailler contre iceulx & ne permettre plus doresnauant que Dieu soit mesprisé & iniurié en son Roiaume, donnant charge a l'Embassadeur de sa maiesté luy escrire qu'elle le prioit „ de soy monstrer Roj & maistre , adiou- „ stant ceste raison, Il doit cela a son Roi- „ aume & au siens. Paroles briefues en lãgage & de la bouche d'vne Princesse qui n'en pouuoit plus: mais graues & de grande importance, & pleine de substãce. Qu'est-ce a dire, ie vous prie mõstrez vous Roy? Autant que si elle eust dit, Escriuez au Roy mon frere, qu'il face bõs & saincts Edictz: Qu'il tienne la main a fin qu'ilz soient gardez & mis a execution: Qu'il face que Iustice soit bien administree: Qu'il defende la querelle de Dieu: Qu'il soustienne l'Eglise tant affligee & desolee: Qu'il n'admette en son cõseil que personne catholiques, sages, vertueuses, & nullement suspectes: Qu'il pouruoie aux Estatz & offices de gens de bien, de bonne mœurs, & de literature. Et puis qu'il a droict de presenter aux prelateures & Dignitez Ecclesiastiques, qu'il nomme gẽs capables de bonne vie & de bonne exemple: Qu'il pouruoie a la bergerie de Dieu de bons Pasteurs: Qu'il n'endure pres de soy des blasphemateurs ordinaires, gens maluiuans, & signamment heretiques & trahistres a Dieu & a sa personne: Qu'il vse auec iustice du glaiue, lequel Dieu luy à donné pour le salut des bons contre les meschãs, & principalemẽt contre ceulx qui blasphement son sainct nom: Qu'il emploie tout ce que Dieu luy a donné de force, de puissance, de pouuoir iusques a sa propre vie pour la defense de l'honneur de Dieu, & pour maintenir la Religion en laquelle il est nay. Car il doibt cela a son Roiaume & a ses pauures subiectz: d'autant que de droit diuin & humain telle est la charge & office d'vn Roy. Ce sont la, Sire, les dernieres paroles, par lesquelles la feuë Roine vostre bonne Sœur, desirant le salut & l'honneur de vostre maiesté priãt Dieu qu'il vous tienne longuemẽt en sa protection & sauuegarde, a parlé a vous. Vous priant aussi, & vous admonnestãt faire office de Roy. Or vous sçauez biẽ, Sire, que c'est la coustume de mieux retenir les dernieres paroles de ses amis, lors qu'ils decedent, & les auoir plus en memoire que tout ce qu'ils ont dit de leur viuant. Dõques, Sire, si iamais vous auez aimé la feuë Roïne voſtre bonne Sœur, rendez auiourd'huy a la France, & a l'Eſpagne, & a tout le reſte de la Chreſtienté, certain teſmoignage de voſtre bonne affection, & faictes quelque choſe pour l'amour, & en memoire d'elle: receuez de bonne part l'aduertiſſement qu'elle vous enuoie, ou pluſtoſt eſcoutez la voix du ſainct Eſprit, qui parloit par elle. Monſtrez vous Roy, Sire, au grand beſoing de voſtre Roiaume en la grande neceſſité de voz pauures ſubiectz: mõſtrez vous Roy & maiſtre: c'eſt a dire, vous n'eſtes plus vn enfant: ceſt aage la eſt paſſé, vous eſtes maintenant homme, c'eſt a vous de commander. Faictes vous obeïr, & n'endurez aupres de vous, quelque choſe qu'õ vous puiſſe dire ou alleguer, au contraire ceulx que cognoiſtrez n'eſtre Catholiques, ou qui ſont gens de mauuaiſe vie. Car cela eſt trop eſloigné de la Iuſtice q̃ vous deuez a voz bõs ſubietz, permettre aupres de voſtre maieſté ceulx, qui par l'eſpee que vous portez, & que Dieu vous à dõné en main deuroient eſtre punis: vſez du ſage conſeil de la Roine voſtre mere, a la-

quelle ces lettres ſaddreſſent auſſi bien qu'a voſtre maieſté : & craignez tous deux que ſi autrement vous faictes, que de brief ne ſentiez la main de Dieu aſprement ſur vous, pour n'auoir creu & receu la ſaincte admonition de ceſte treſuertueuſe, treſreligieuſe, & treſſaincte Princeſſe. Peu de temps apres ces paroles prenãt congé de tous, adonna du tout ſon eſprit à penſer à Dieu, aiãt dict a dieu aux choſes humaines, commança à luy rendre graces des benefices infinis qu'elle auoit receu de luy, & l'inuoquoit de tout ſon cueur, priant auſſi les bienheureux ſainctz de Paradis luy vouloit eſtre en aide. Elle ſe conſoloit grãdement, & reputoit bien-heureuſe que ſon heure eſtoit venue, pour partir de ce monde pour aller en la compagnie de tant heureuſes ames, qui ſont là hault en Paradis en gloire. Elle recitoit ſuccinctemẽt pluſieurs belles & graues ſentences qu'elle auoit apriſes tant par la lecture des ſaincts liures, que par les predicatiõs: & ſermõs qu'elle auoit ouy, &
„ dont elle auoit bien ſceu faire ſon pro-
Pſalm. 4. fit, Comme eſt, *In pace in idipſum dormiã*

&

& requiescam. Ie mourray & me reposeray estant en paix auec luy. Sẽtence que les premiers & anciens chrestiẽs auoiẽt coustume de dire en l'article de la mort cõme tesmoigne sainct Gregoire Nanzianzene, qui appelle en l'Oraison Funebre de sa Sœur, ces paroles, *Verba egressionis.* Paroles du departemẽt de ce mõde. Elle disoit en oultre *Educ de carcere animam meam ad confitendum nomini tuo Domine.* Seigneur, deliurez mon ame de ceste prison, a ce que plus librement ie confesse ton sainct nom, qui est vn souhait de passer de ceste vie a l'autre. S'estimant en ce monde comme en vne prison. Certainement, vous eussiez dit a l'oir ainsi parler, qu'elle ne faisoit que chãger comme d'vn vieil logis ruineux & caduc en vn grand, beau, & magnifique palais. Ie n'ay point, disoit elle, regret aux hõneurs & richesses de ce mõde, en attendant par la bonté & misericorde de Dieu de plus grande, I'espere aussi vne autre couronne, qui ne sera tẽporelle, mais immortelle & eternelle. Finalement a l'exemple & imitation de nostre Seigneur, qui recommanda estãt

Psal. 141.

a la croix son ame a Dieu son pere, elle
Psal.30. dit. *In manus tuas Domine, commendo spiri-*
71. *tum meum.* Ie remects mõ ame, seigneur,
S. Luc 23. entre voz mains. Et en ceste maniere elle rendit son esprit. Toutesfois vn de-
my quart d'heure deuãt, nul des assistãs
eust iugé qu'elle eust esté si proche de sa
fin: Et m'a esté asseuré par gens dignes
de foy qu'estãt trespassee, elle sembloit
encores viuante, tãt elle auoit les yeulx
clairs & reluisans: ce que sainct Hierosme
recite de ceste vertueuse Dame Paula : laquelle combien que durant sa vie
elle fust palle pour ses ieusnes & abstinence: apres sa mort elle auoit vne telle
couleur, que plustost l'eussiez iugé viue,
que morte. Il sembloit aussi que la feuë
Roine regardoit les personnes entre
deux yeux: & cõme quelque Seigneur
d'Espagne a escrit d'elle, elle auoit plus
» face d'Ange, que de femme. Ce que le
escriture saincte recite de sainct Estien-
Act.7. ne. Ces choses estoient bien signe & argument euident que nostre Seigneur
estoit auec elle, & que son corps & son
ame estoient le temple du sainct esprit.
Maintenant pour la fin de ses louanges

ie me contenteray des paroles, que ie trouue auoir esté dittes par sainct Gregoire Nyssene en l'Oraison funebre de l'Imperatrice Placilla, femme du grand Theodose. Car telz Epitetes sont tres-propres a la feuë Roine Elizabeth, que Dieu absolue. Ie les diray en françois, encores qu'elles soiēt couchees en grec, L'ornement de l'Empire est perdu, dit-il, le gouuernal de iustice est ietté par terre: la lumiere de toute douceur est estainte: le clair rayō de vertu est caché de nous: le vray archetype d'humilité, l'exemplaire d'amitié coniugale, le tres-chaste don de pudicité & sobrieté: celle qui auoit vne extreme zele enuers la foy, est morte: la colōne de l'Eglise qui fauorisoit les gens de bien, est renuersee: celle qui ornoit & embelissoit les autelz de Dieu, est perduë: celle qui faisoit riches les pauures, la main qui faisoit tant d'aulmosnes est morte: le port de tous les desolez, dez necessiteux, des affligez est perdu. Plorez, dōques les vierges, plorez les vefues, plorez les orfelins: que chacun cognoisse ce qu'il a eu apres qu'il sent assez ce qu'il à perdu.

Voyes Theodoretus li. hist. Eccles. 5. chap. 18.

Or puis que Dieu tout bon & tout puissant a transferé (comme nous croions autant que le iugemẽt humain en peut asseurer) l'ame de la feu Roine de ceste vie mortelle: en vne immortelle: & que l'issue de ceste vie temporelle luy a esté port de salut, en vne vie glorieuse & biẽ heureuse, veu & consideré la conuersation qu'elle a mené l'espace de quinze ans & plus, des lors qu'elle a eu vsage de raison, le tout raporté ensemble, auec plusieurs autres choses, dõt i'ay esté certioré par gens dignes de foy (desquelles ie me tairay pour le present) i'oseray bien enuers elle tenir tel langage que tenoit sainct Gregoire Nazianzene, enuers certains personnages sainctement decedez. Lequel apres auoir veu la saincteté de son pere, & de sa sœur Gorgonia, & l'austerité de vie de sainct Basile son compagnon & singulier amy, le zele aussi de sainct Athanase pour la defense de la vraye religion contre les Ariens, les inuoque apres leur mort, s'asseurant qu'ils estoient par tels moyens paruenus à la gloire, à laquelle nous tous Chrestiens, auec la grace de Dieu, pretendõs paruenir. Veu aussi la façon dont vse sainct Hierome en l'endroict de Paula & Blesilla dames Romaines, lesquelles il prie apres leur mort. Bref à l'imitation de plusieurs autres anciens & renommez personnages de l'Eglise, il me semble que ie ne doy faire difficulté de conclurre par ceste oraison, O ame saincte & heureuse dame, nagueres Roine en terre, maintenant coronnée és cieux, vous voyez auiourd'huy les gran- « des afflictions du pauure Roiaume de « France qui vous a porté, nourri & esle- « ué, vous y auez apris les vertus, la bõté, « la sainctete, par le moien desquelz vous « estes maintenant là haud en gloire au « Roiaume celeste: vous sçauez en quelz « troubles & fascheries sont maintenant « le Roj Treschrestien vostre frere, le Roj « Catholique vostre mari, la Roine vostre « mere, tous les bõs Princes, & Seigneurs « de France & d'Espagne, les malins s'e- « stans esleuez pour tout troubler & rui- « ner, qu'il vous plaise les regarder en pi- « tié & compassion, & leur impetrer par « vos prieres quelque soulagement de tãt « d'afflictions qui nous enuirõnent. Nous «

„ vous ſupplions faire tant enuers Dieu, que la tempeſte laquelle eſt ſi hault eſle-
» uee & ia nous menace fort puiſſe eſtre
» bien toſt appaiſé & toutes choſes meſ-
» mement l'Eſtat de la Pauure Egliſe re-
» miſe en bonne paix & trãquillité afin
» que pour l'aduenir ſon ſainct nõ ſoit par
tout & principallemẽt en ce Roiaume
» mieux loué honoré &, adoré, ad ce qu'il
» n'a eſté par le paſſé. Si que tout ce que
„ nous ferons doreſnauãt ſoit a l'hõneur,
„ gloire, & exaltation de ſa diuine maie-
„ ſté, & à l'edification & accroiſſement de
„ ſon Egliſe, aux repos de nos conſcien-
„ ces, au bien & profit de toute la Chre-
„ ſtienté. Et de ma part ie vous prie de-
„ mander a Dieu pour moy que ie puiſſe
„ veoir auant ma mort la vengeance de
„ ſes Ennemis, de ſon Egliſe, du Roj, du
„ Roiaume, & qu'il me face auſſi la grace
„ que ie ſois imitateur de voſtre ſaincte
„ vie & cõuerſatiõ. Et a la fin nous dõner
„ àtous le repos eternel lequel il a promis
„ a ſes ſeruiteurs. Ce pẽdãt qu'vn chacun
„ de nous, ſoit ieunes ſoit vieux, & hommes & femmes, tant les mariees, que les
filles ſous la puiſſance de Pere & Me-

re: bref vous touts qui eſtes icy preſẽts, prennent exemple ſur la vie ſaincte & vertueuſe de ceſte ſage & ſaincte Princeſſe, & que nous ſouuenant de ſes vertus, & les ayãt en memoire, nous apprenions à ſeruir Dieu, & le louër, & le remercier grandement, lequel en ce tẽps nous à donné (& meſmement aux Princes & grands Seigneurs) vn exemplaire & formulaire en la vie de la feuë Roine de toute ſageſſe, humilité, deuotiõ, bõté prudence, chaſteté, amour enuers vn chaſcũ douceur, patiẽce, bref de toute vertu, de maniere que l'enſuiuant Dieu nous fera participant auecques elle de l'heritage Celeſte auquel nous cõduiſe par ſa bonté infinie, celuy de qui eſt viuant & regnant de ſiecle en ſiecle.

AMEN.

LE Roy a permis a Claude Fremy libraire en l'vniuersité de Paris, Imprimer & mettre en vente vn liure intitulé, Oraison Funebre, prononcee aux Obseques de treshaulte, &c. Ma Dame Elizabeth de France Royne des Espagnes, &c. *Defendant sa Maiesté a tous autres imprimeurs, imprimer ny distribuer ladicte Oraison sans la permission dudict Fremy, iusques au temps & terme de six ans, comme appert par Priuilege general, donné audict Fremy le 13. Feurier 1567. Signé Robertet.*

www.ingramcontent.com/pod-product-compliance
Ingram Content Group UK Ltd.
Pitfield, Milton Keynes, MK11 3LW, UK
UKHW022134190726
13855UKWH00003B/1154